居住证暂行条例

中国法制出版社

居住证暂行条例
JUZHUZHENG ZANXING TIAOLI

经销/新华书店
印刷/涿州市新华印刷有限公司
开本/850 毫米×1168 毫米　32　　印张/0.5　字数/6 千
版次/2015 年 12 月第 1 版　　2015 年 12 月第 1 次印刷

中国法制出版社出版
书号 ISBN 978-7-5093-6858-9　　定价:3.00 元

北京西单横二条 2 号　　值班电话:66026508
邮政编码 100031　　传真:66031119
网址:http://www.zgfzs.com　　**编辑部电话:66066621**
市场营销部电话:66033393　　**邮购部电话:66033288**

(如有印装质量问题,请与本社编务印务管理部联系调换。电话:010-66032926)

中华人民共和国国务院令

第 663 号

《居住证暂行条例》已经2015年10月21日国务院第109次常务会议通过，现予公布，自2016年1月1日起施行。

总　理　李克强

2015年11月26日

居住证暂行条例

第一条　为了促进新型城镇化的健康发展，推进城镇基本公共服务和便利常住人口全覆盖，保障公民合法权益，促进社会公平正义，制定本条例。

第二条　公民离开常住户口所在地，到其他城市居住半年以上，符合有合法稳定就业、合法稳定住所、连续就读条件之一的，可以依照本条例的规定申领居住证。

第三条　居住证是持证人在居住地居住、作为常住人口享受基本公共服务和便利、申请登记常住户口的证明。

第四条　居住证登载的内容包括：姓名、性别、民族、出生日期、公民身份号码、本人相片、常住户口所在地住址、居住地住址、证件的签发机关和签发日期。

第五条　县级以上人民政府应当建立健全为居住

证持有人提供基本公共服务和便利的机制。县级以上人民政府发展改革、教育、公安、民政、司法行政、人力资源社会保障、住房城乡建设、卫生计生等有关部门应当根据各自职责，做好居住证持有人的权益保障、服务和管理工作。

第六条 县级以上人民政府应当将为居住证持有人提供基本公共服务和便利的工作纳入国民经济和社会发展规划，完善财政转移支付制度，将提供基本公共服务和便利所需费用纳入财政预算。

第七条 县级以上人民政府有关部门应当建立和完善人口信息库，分类完善劳动就业、教育、社会保障、房产、信用、卫生计生、婚姻等信息系统以及居住证持有人信息的采集、登记工作，加强部门之间、地区之间居住证持有人信息的共享，为推进社会保险、住房公积金等转移接续制度，实现基本公共服务常住人口全覆盖提供信息支持，为居住证持有人在居住地居住提供便利。

第八条 公安机关负责居住证的申领受理、制作、发放、签注等证件管理工作。

居民委员会、村民委员会、用人单位、就读学校以及房屋出租人应当协助做好居住证的申领受理、发放等工作。

第九条 申领居住证，应当向居住地公安派出所或者受公安机关委托的社区服务机构提交本人居民身份证、本人相片以及居住地住址、就业、就读等证明材料。

居住地住址证明包括房屋租赁合同、房屋产权证明文件、购房合同或者房屋出租人、用人单位、就读学校出具的住宿证明等；就业证明包括工商营业执照、劳动合同、用人单位出具的劳动关系证明或者其他能够证明有合法稳定就业的材料等；就读证明包括学生证、就读学校出具的其他能够证明连续就读的材料等。

未满16周岁的未成年人和行动不便的老年人、残疾人等，可以由其监护人、近亲属代为申领居住证。监护人、近亲属代为办理的，应当提供委托人、代办人的合法有效身份证件。

申请人及相关证明材料出具人应当对本条规定的证明材料的真实性、合法性负责。

对申请材料不全的，公安派出所或者受公安机关委托的社区服务机构应当一次性告知申领人需要补充的材料。

对符合居住证办理条件的，公安机关应当自受理之日起15日内制作发放居住证；在偏远地区、交通不便的地区或者因特殊情况，不能按期制作发放居住证的，设区的市级以上地方人民政府在实施办法中可以对制作发放时限作出延长规定，但延长后最长不得超过30日。

第十条 居住证由县级人民政府公安机关签发，每年签注1次。

居住证持有人在居住地连续居住的，应当在居住每满1年之日前1个月内，到居住地公安派出所或者受公安机关委托的社区服务机构办理签注手续。

逾期未办理签注手续的，居住证使用功能中止；补办签注手续的，居住证的使用功能恢复，居住证持有人在居住地的居住年限自补办签注手续之日起连续计算。

第十一条 居住证损坏难以辨认或者丢失的，居住证持有人应当到居住地公安派出所或者受公安机关委托的社区服务机构办理换领、补领手续。

居住证持有人换领新证时，应当交回原证。

第十二条 居住证持有人在居住地依法享受劳动就业，参加社会保险，缴存、提取和使用住房公积金的权利。县级以上人民政府及其有关部门应当为居住证持有人提供下列基本公共服务：

（一）义务教育；

（二）基本公共就业服务；

（三）基本公共卫生服务和计划生育服务；

（四）公共文化体育服务；

（五）法律援助和其他法律服务；

（六）国家规定的其他基本公共服务。

第十三条 居住证持有人在居住地享受下列便利：

（一）按照国家有关规定办理出入境证件；

（二）按照国家有关规定换领、补领居民身份证；

（三）机动车登记；

（四）申领机动车驾驶证；

（五）报名参加职业资格考试、申请授予职业资格；

（六）办理生育服务登记和其他计划生育证明材料；

（七）国家规定的其他便利。

第十四条 国务院有关部门、地方各级人民政府及其有关部门应当积极创造条件，逐步扩大为居住证持有人提供公共服务和便利的范围，提高服务标准，并定期向社会公布居住证持有人享受的公共服务和便利的范围。

第十五条 居住证持有人符合居住地人民政府规定的落户条件的，可以根据本人意愿，将常住户口由原户口所在地迁入居住地。

第十六条 居住地人民政府应当根据下列规定确定落户条件：

（一）建制镇和城区人口 50 万以下的小城市的落户条件为在城市市区、县人民政府驻地镇或者其他建制镇有合法稳定住所。

（二）城区人口 50 万至 100 万的中等城市的落户条件为在城市有合法稳定就业并有合法稳定住所，同时按照国家规定参加城镇社会保险达到一定年限。其中，城市综合承载能力压力小的地方，可以参照建制镇和小城市标准，全面放开落户限制；城市综合承载能力压力大的地方，可以对合法稳定就业的范围、年限和合法稳定住所的范围、条件等作出规定，但对合法稳定住所不得设置住房面积、金额等要求，对参加城镇社会保险年限的要求不得超过3年。

（三）城区人口100万至500万的大城市的落户条件为在城市有合法稳定就业达到一定年限并有合法稳定住所，同时按照国家规定参加城镇社会保险达到一定年限，但对参加城镇社会保险年限的要求不得超过5年。其中，城区人口300万至500万的大城市可以对合法稳定就业的范围、年限和合法稳定住所的范围、条件等作出规定，也可结合本地实际，建立积分落户制度。

（四）城区人口500万以上的特大城市和超大城市应当根据城市综合承载能力和经济社会发展需要，以具有合法稳定就业和合法稳定住所、参加城镇社会保险年限、连续居住年限等为主要指标，建立完善积分落户制度。

第十七条 国家机关及其工作人员对在工作过程中知悉的居住证持有人个人信息，应当予以保密。

第十八条 有下列行为之一的，由公安机关给予警告、责令改正，处200元以下罚款，有违法所得的，没收违法所得：

（一）使用虚假证明材料骗领居住证；

（二）出租、出借、转让居住证；

（三）非法扣押他人居住证。

第十九条 有下列行为之一的，由公安机关处200元以上1000元以下罚款，有违法所得的，没收违法所得：

（一）冒用他人居住证或者使用骗领的居住证；

（二）购买、出售、使用伪造、变造的居住证。

伪造、变造的居住证和骗领的居住证，由公安机关予以收缴。

第二十条 国家机关及其工作人员有下列行为之一的，依法给予处分；构成犯罪的，依法追究刑事责任：

（一）符合居住证申领条件但拒绝受理、发放；

（二）违反有关规定收取费用；

（三）利用制作、发放居住证的便利，收受他人财物或者谋取其他利益；

（四）将在工作中知悉的居住证持有人个人信息出售或者非法提供给他人；

（五）篡改居住证信息。

第二十一条 首次申领居住证，免收证件工本费。换领、补领居住证，应当缴纳证件工本费。办理签注手续不得收取费用。

具体收费办法由国务院财政部门、价格主管部门制定。

第二十二条 设区的市级以上地方人民政府应当结合本行政区域经济社会发展需要及落户条件等因素，根据本条例制定实施办法。

第二十三条 本条例自 2016 年 1 月 1 日起施行。本条例施行前各地已发放的居住证，在有效期内继续有效。

国务院法制办公室负责人就《居住证暂行条例》热点问题答记者问

近日，李克强总理签署国务院令，公布《居住证暂行条例》，该条例将于2016年1月1日起施行。条例的出台背景是什么？又能为老百姓带来哪些实惠？国务院法制办公室负责人12日就有关热点问题回答了记者提问。

问：为什么要制定该条例？

答：随着我国城镇化的快速推进，大量农村劳动力向城市转移就业，同时，城市间的人口流动也不断加速。据第六次人口普查数据显示，全国跨县（市、区）居住半年以上的人口达到1.7056亿。这部分常住人口为当地经济社会发展作出了重大贡献，但在教育、医疗、养老、住房保障等方面难以与当地户籍人口享受同等的基本公共服务，工作和生活面临诸多问题。

这些问题如果长期得不到有效解决，将会引发一系列的社会风险和矛盾。

党中央、国务院高度重视上述问题，近年来作出一系列推进城镇化建设和户籍制度改革的重大决策部署，特别是2014年3月中共中央、国务院印发的《国家新型城镇化规划（2014－2020年）》和同年7月国务院印发的《国务院关于进一步推进户籍制度改革的意见》，都将建立居住证制度作为创新人口管理的一项重要举措提出了明确要求。

因此，有必要制定条例落实党中央、国务院的决策部署，为流动人口享受居住地基本公共服务和便利提供制度框架、有序推进城镇化进程。

问：条例对居住证是如何定位的？

答：条例从为流动人口享受居住地基本公共服务和便利提供制度框架出发，规定：居住证是持证人在居住地居住、作为常住人口享受基本公共服务和便利、申请登记常住户口的证明；公民离开常住户口所在地，到其他城市居住半年以上，符合有合法稳定就业、合法稳定住所、连续就读条件之一的，可以依照本条例的规定申领居住证。

问：条例规定了居住证持有人享受哪些公共服务和便利？

答：条例在不影响其他流动人口按照国家有关法律政策享受基本公共服务和便利的基础上，进一步规定了居住证持有人享受的各项基本公共服务和便利。具体包括：

一是规定了居住证持有人享受的劳动就业，参加社会保险，缴存、提取和使用住房公积金，义务教育，基本公共就业服务，基本公共卫生服务和计划生育服务，公共文化体育服务，法律援助和其他法律服务等基本公共服务，以及按照国家有关规定办理出入境证件，换领、补领居民身份证，机动车登记，申领机动车驾驶证，报名参加职业资格考试、申请授予职业资格，办理生育服务登记和其他计划生育证明材料等便利。

二是建立了梯度赋权的机制。条例要求国务院有关部门、地方各级人民政府及其有关部门逐步扩大向居住证持有人提供公共服务和便利的范围、提高服务标准，并定期向社会公布。

三是建立了居住证持有人通过积分落户制度等方式申请登记常住户口的衔接通道，并明确了各类城市确定落户条件的标准。

问：条例规定了政府及相关部门哪些工作职责？

答：条例突出了政府及其相关部门的服务职能。

一是明确县级以上人民政府应当建立健全为居住证持有人提供基本公共服务的机制，有关部门应当根据各自职责，做好居住证持有人的权益保障、服务和管理工作。

二是规定县级以上人民政府应当将为居住证持有人提供基本公共服务和便利的工作纳入国民经济和社会发展规划，完善财政转移支付制度，将提供基本公共服务和便利所需费用纳入财政预算。

三是规定县级以上人民政府有关部门应当建立和完善人口信息库，分类完善各类信息系统及居住证持有人信息采集、登记工作，加强信息共享，为实现基本公共服务常住人口全覆盖提供信息支持。

四是规范了国家机关及其工作人员的服务和管理行为，如限期制发居住证、对持证人个人信息予以保密、免费办理首次证件及签注手续等，并对无故拒绝受理、发放，违反规定收取费用，利用便利收受他人财物等违法行为，规定了相应的法律责任。